고장 난 아침

애지시선 030
고장 난 아침

2009년 11월 12일 초판 1쇄 발행

지은이 박남희
펴낸이 윤영진
기 획 유용주 이정록 손세실리아
편 집 함순례
디자인 함광일 이경훈
홍 보 한천규
펴낸곳 도서출판 애지
등록 제 2005-5호
주소 300-170 대전광역시 동구 삼성동 125-2 4층
전화 042 637 9942
팩스 042 635 9941
전자우편 ejiweb@hanmail.net

ⓒ박남희 2009
ISBN 978-89-92219-24-2 03810

* 저자와의 협의에 의해 인지를 생략합니다
* 이 책 내용의 전부 또는 일부를 재사용하려면 저자와 애지 양측의 동의를 받아야 합니다
* 이 시집은 2007년 한국문화예술위원회 창작지원금을 받았습니다

예지시선 030

고장 난 아침

박남희 시집

□ 시인의 말

시집을 묶는다는 것은
나를 묶는 일이다
이제 나를 묶었으니
누군가 내 발바닥을
두들겨 팰 차례이다

2009년 늦가을
박남희

차례

시인의 말　005

제1부 물이 아픈 이유

딱지　012

눈물　014

물이 아픈 이유　015

고장 난 아침　016

통증은 허공으로부터 온다　018

앤디 워홀 식당　020

부끄러움의 회로　022

과녁　024

비문碑文　026

하늘 변천사　028

해바라기　030

노숙자　031

동굴을 살려 주세요　032

어떤 가려움증　034

제2부 사라진 손가락

얼음의 존재방식　036
노을을 끌고 간다　038
사라진 손가락　040
저 책이 불안하다　042
바닥은 수시로 바뀐다　044
정전　046
저녁　048
아침 햇빛을 가만히 보니　050
나사　052
터널들　054
샘　056
머리카락의 자서전　058
대패질　060
그림자 다이어트　062
대나무　064

제3부 달빛의 구조

멱살만 남았어요　066
단추　069
물집　070

휘어진 등뼈 072
창백한 푸른 점 074
달빛의 구조 076
바깥이 안을 꺼내다 078
덫 080
야카모즈 082
환幻의 지느러미 084
셀카놀이 086
강 088

제4부 사랑은 구름의 일

아포토시스 090
무늬를 넘어서는 법 092
사랑은 구름의 일 094
방 구하기 096
물을 세운다 098
옥상 100
벽 속의 꽃 102
상대적이며 절대적인 무식 백과사전 104
문득 106
밤의 저수지에서 108

꽃을 통해 허공을 말하는 법 110
이별의 속도 112

해설 | 이재훈 113

제1부
물이 아픈 이유

딱지

요즘에는
아파트 딱지 한 장 얻기도 힘든 세상이지만
한때는 내 호주머니 속에 딱지가 그득했다
그때는 딱지를 접으면
5.16 쿠데타도, 삼선 개헌도 쉽게 접혔다
딱지를 접어서 한방 내리치면
무소불위의 독재정권도 쉽게 뒤집혔다
내 손에 넘어간 딱지를 펴보면
딱지 속에는 비밀이 없었다
딱지는 종이의 두께와 크기가 관건이라는 것을
꼬맹이들은 누구나 잘 알았다
나는 내 손에 쉽게 넘어간 독재권력과
영화포스터의 누드를 겹쳐서
더욱 두꺼운 딱지를 만들었다
튼튼한 딱지 제국을 건설했다
나는 겁 없는 갑부였다
세상의 온갖 비리와 소문이 딱지로 접혀서

내 바지 속에서 두둑했다

눈물

고이는 것과 흘러가는 것 사이에 내가 있다
나는 그동안 버려야 할 것들을 너무 많이 데리고 살았다
고여 있다는 것은 흘러가고 싶다는 것이고
흘러간다는 것은 고이고 싶다는 것인 줄도 모르고
나는 그동안 때 없이 고이고 때 없이 흘러가고자 했다
그리하여 나는 어느새 자꾸만 과거로 거슬러 올라가
옛 웅덩이에 고여 있던 하늘을 우러르는 버릇이 생겼다
그러면 하늘은 금세 흐려져 오래 고여 있던 것들을
지상으로 흘려보냈다 태고 적 나를 흘려보냈다
그렇게 하늘은 태고 적 나와 지금의 나를 만나게 해주었다
수천 년을 내려오는 동안 내가 거처했던 수많은 집들을 보여주었다
하지만 나는 지금 그 집들을 함부로 아비라 어미라 부를 수 없다
집은 다만 무언가를 담고 흘려보내는 것일 뿐
고이는 것과 흘러가는 것 사이에 내가 있다

물이 아픈 이유

오늘은 아버지 기일이다

임진강변에 와보니, 물을 박차고 새가 날아간다

물이 상처를 입고 어디론가 흘러간다

물을 벗어나는 일이 상처 입는 일이라는 것도 모른 채

새는 울면서 어디론가 날아간다

날개 달린 상처도 날아가다가 어느 마을엔가 깃들 것이다

오랜 시간이 지나면

날개는 다시 물을 찾아가서 제 상처의 근원을 어루만질 것이다

하지만 날개는 상처가 아문 물 위를 평화롭게 헤엄치다가

어느 날 또 다시 새로운 발톱 자국을 물에 새길 것이다

고장 난 아침

어쩐 일인지 나의 아침은 해가 뜨지 않고 해가 진다
그러므로 조금 전 내가 먹은 밥은 아침밥이 아니고 저녁밥인 모양이다
아침을 기다리듯 지금 내가 기다리는 여인은
손예진같이 생긴 젊은 애인이 아니고 마흔이 넘은 아내다
아내는 조금 전 내가 알지 못하는 길 쪽으로 걸어와
어둠보다 늦게 도착했다 그러나 다행히 새벽은 아니다
내가 읽은 책은 자꾸만 인생을 말하려고만 하고
나는 아침에 넘긴 책장 부근에서 자꾸 서쪽 하늘을 보게 된다
요즘은 거꾸로 나이를 먹는 파도가 반갑고
밀려왔다가 금방 다시 밀려가서
모래 위의 흔적을 지우는 것들의 단호함이 부럽다
동쪽 해가 하늘을 비껴 아름다울 때 내 그림자가 다른 그림자와
자주 겹쳐지는 것을 좋아하는 것을 보면 분명 아침은

아침인데,
 한밤중이 다 되어서야 학교 갔다 돌아오는 고3 아들을 보니
 내 아침은 참으로 고장 난 아침이다

통증은 허공으로부터 온다

어깨와 허리가 결리기 시작한 것은
사고가 난 후 며칠만의 일이다
큰 차와 작은 차의 충돌이나
피해자와 가해자라는 입장만으로는
통증이 잘 설명되지 않는다

통증은 허공으로부터 온다
허공끼리의 충돌이 통증을 불러온다
허공은 무수한 통증을 숨기고 있다가
딱딱한 물체끼리 충돌하는 순간
딱딱한 감촉 속으로 스며들어온다

공중에 떠돌아다니는 통증은
이전에 누군가 버린 것들이다
통증은 스스로가 있던 몸의 부위를
잘도 기억해낸다
허공과 허공이 부딪히는 순간

본래의 자리를 찾아가는 기억합금처럼
통증은 딱딱한 몸으로 스민다

딱딱해진다는 게 문제다
몸은 어떤 물체와 충돌하는 순간 딱딱해진다
부드러움을 잃는다는 것이 사실은 통증이다
사고가 난 후 며칠 만에 찾아온 통증은
이전의 누군가의 상처와 이별하느라고
무척이나 힘들었을 것이다

나는 이왕에 딱딱해졌으니
당분간은 통증과 친해져 볼 생각이다
내 안에서 와글와글
통증이 새로운 언어를 찾는 소리가 들린다

앤디 워홀 식당

마릴린 먼로의 붉은 사진으로
고추장을 만들고
미키 마우스와 리즈 테일러와 수퍼맨을
뒤범벅으로 섞어서
비빔밥을 만들어주는 식당을 알고 있다

성격이 전혀 다른 것들도
고추장과 참기름을 넣고
쓱쓱 비비면 한통속의 맛있는 이미지가 되는
비빔밥이 나는 좋다

그 식당에 나는 매일 앤디 워홀을 보러 간다
돈이 적든 많든 소비를 통해
모두 하나가 되는 평등의 왕국
평등의 이미지를 먹기 위해

나는 오늘도 비빔밥을 주문한다

그리고, 이미지인 나를
고추장에 쓱쓱 비벼 먹는다

부끄러움의 회로

 나는 포도주를 한 잔만 먹어도 얼굴이 빨개진다
 그 이유는 몸속에 술 분해 효소가 부족해서라고 하는데 그 말은 맞는 듯 잘 맞지 않는다

 아마 나는 내 안에 숨겨진 어떤 회로가 있는 모양이다
 평소에는 잘 하지 않는 술을 금단의 열매를 따먹듯 마시면
 내 몸은 잘도 반응을 한다

 내 몸이 빨개지는 것은 술에 대한 부끄러움이 아니다
 그것은 술이 거느리고 있는 온갖 잡동사니에 대한 부끄러움이다
 술이 제 몸에 숨겨 놓은 것을 슬슬 풀어내는 순간
 그것들은 순식간에 온몸으로 퍼져서 내 몸을 잡동사니로 만든다

 그러고 보면 내 몸은 원래 잡동사니였던 모양이다

그런 것을 평소에는 잘 알지 못하고 지내다가
술이 온통 내 몸을 들쑤셔놓아 잡동사니가 되면
나는 비로소 부끄러움을 느낀다

잡동사니라는 것은 중심이 없다는 것
밖의 중심에게 노출되면 힘을 못 쓴다는 것
안과 밖의 경계가 모호하다는 것
그런 것들을 술은 용케도 제 몸의 회로 속에 간직하고
나를 자꾸 부끄럽게 만든다

어느덧 내 중심은 부끄러움이다
노을의 치맛자락만 봐도 얼굴 붉히는 저녁하늘처럼
내 몸에는 부끄러움의 회로가 있다

과녁

활터에 갔었지

휘어진 활의 허리를 퉁겨 나온 화살들은
오색 둥근 과녁을 향해
먼 산까지 날아갔지

화살이 그린 궤적은 한결같이
하늘을 겨누는 활 모양을 하고
휘어진 몸의 길로 하늘을 겨누었지

과녁을 향해 날아가는 것들은 동시에
하늘을 향해 무수한 화살을 날린다는 것과
날마다 지상을 향해 무수한 햇빛화살을 날리던
하느님도 그때는 아픈 과녁이 된다는 것을 알았지

산이 숨겨 놓은 과녁의 신음 소리가 메아리이듯이
하늘 과녁의 신음소리가 천둥이라는 것도 그때 알았지

나는 궁사들이 다 사라진 후에도 활터에 남아
건너편 산 능선, 휘어진 지평선이 겨누는
붉게 충혈된 하늘
둥근 과녁의 눈동자를 보고 있었지

비문碑文

봉긋한 가슴 옆에 서 있는 거

그게 비문이야

가슴으로 읽어도 잘 읽히지 않는 게 비문이야

제 몸에 말을 새기고

온몸으로 말을 하려는 것이 비문이야

비문은 편지 같은 게 아니야

바람 같은 거야

상징 같은 거야

구름을 보고 웃는 듯 마는 듯 잠자는 듯 깨어있는 듯

그렇게 백년을 살아 제 몸의 목소리 희미해져도

제 곁에 풀 베는 소리 아주 안 들려도

봉긋하던 가슴이 평지가 되어도

끝끝내 우뚝 서서

스스로가 경전인 거야, 비문은

하늘 변천사

예부터 하늘은
구름을 떠가게 하고 그냥 하늘인 채 있었다
새가 바라보아도 하늘이고
빗방울이 떨어져 내려도 하늘이었다

그러다 하늘은 흘러가는 해와 달을 거느린
어머니였고, 새총이었고, 구슬이었다

어느 날 하늘은 내 청춘과 함께
어둠을 이고, 바다를 이고
불을 이고, 속도를 이고
어디론가 가고 있었다

하늘은 점점 몸이 달아올랐다

드디어 하늘은 엽서를 쓰기 시작했다
이메일을 쓰고 문자를 날렸다

마음속을 빠져나간 하늘은
컴퓨터 속으로 들어와 있었다
하늘은 어느새 복제 되어 짝퉁이 되어 있었다

자세히 보니 하늘은
상표가 붙어 있었다
옥션에 신상품으로 올라 있었다

클릭, 클릭, 클릭…
순식간에 하늘이 품절되었다

해바라기

아름다움만으로는 모자라
너는 그토록 많은 씨앗을 품고 있었구나

나는 너를 볼 때마다 난해하다

신은 왜
태양을 지상으로 끌어내려
저렇듯 욕심 많은 여자로 만들어 놓았는지

해설핏한 가을날
아름다움으로도
열매로도 온전히 주목 받지 못하고
쓸쓸한 논둑길을 혼자 걷고 있는 아내여
미안하다

약속인 듯 네 몸에 심어두었던
촘촘한 말들이 미안하다

노숙자

그리움도 저렇듯 웅크리고 있으면
어두워질까

온몸으로 신문지의 글자를 읽고 있으면
잠이 올까

그리하여
수많은 발자국 소리 속에
먼 발자국 소리 하나 아주 지워질까

누군가가 몹시 그리울 때면
나도 모르는 사이에 들어와
내 안에 웅크리고 있는,

동굴을 살려 주세요

오래전에 혈거시대를 지나온 화살이
지금도 허공을 날아가고 있어요
그동안 수많은 피를 흘리게 한 화살이
허공에 동굴을 파며 날아가고 있어요

저것은 누구의 화살일까요?
저 동굴의 끝에 기다리고 있는 것은
멧돼지 같은 짐승일까요?
물빛 맑은 호수일까요? 먹구름일까요?

동굴을 살려주세요
동굴 속에 살던 이름들을 살려주세요
그 이름들이 끌고 세상으로 뻗어나간
길들을 살려주세요
허공을 날아가는 화살이 거느리고 있는
순간순간의 바람을 살려주세요

화살이 뚫어놓은 동굴 속에는
호랑이도 곰도 없는데 웬일인지
아주 오래된 이야기라도 하나 거느리려는 듯
자꾸만 웅웅거리는 저 울음을,

살려주세요
아파트도 타워팰리스도 없이
동굴 하나로 여태껏 살아가는
이 땅의 가난한 웅녀를 살려주세요

어둠이 전 재산이었던 저 가엾은 동굴을,

어떤 가려움증

중심을 생각하면
점점
외곽이 궁금해진다

이런 것을 무어라고 말해야 하나
사랑이라고 해야 하나

어떤 가려움증일까

외곽을 생각하면
점점
중심이 가려워진다

제2부
사라진 손가락

얼음의 존재방식

얼음은 0도에서 생겨난다고 했다
아버지는 돌아가신 후에도 0을 좋아하지 않으셨다
그런데도 아버지는 마지막 길에
얼지 않은 몸을 얼리기 위해 냉동실에 들어가 계셨다
부패를 방지하기 위한 것이라고 했다

하지만 아버지는
생명이 없어지는 것이 부패라는 것을 알려주려는 듯
마지막 가는 길에 냉동실에서 다시 나오셨다

영원히 썩지 않는 것은 끔찍한 일이라고
미라처럼 끔찍한 방식으로 시간의 힘을
거스르는 일은 죄악이라고,
결국 인간은 자궁에서 냉동고를 거쳐
무덤으로 들어가는 것이라고
아버지는 순순히 수의를 입으셨다

나는 눈물이 났다
흐르는 것들을 멈추게 할 수는 없을까?
얼음은 그 해답을 보여주지는 못한다
얼음은 단지 출렁이던 것들을 잠시 진정시켜
유예시키는 것일 뿐,

내 몸의 존재방식이 0에 있다는 것은
얼음의 존재방식과 같았지만
그것은 단지 온도의 문제가 아니었다

몸의 마지막 소실점이 0이라는 것을 증명이라도 하듯
내 안에서 얼어있던 물은 스스로를 뜨겁게 녹여
눈 밖으로 쉴 새 없이 흘러보냈다

나는 그렇게 아버지를 용서했다
나를 용서했다

노을을 끌고 간다

둥근 것이 노을을 끌고 간다
노인은 자전거에 누런 호박을 싣고
저무는 뚝방길을 간다

익어가는 아침은 눈부시지만
익은 저녁은 슬프다
익은 것은 때때로 노을이 된다

노을에 호박이 익고
호박 속에 든 여자가 익는다
얼마 전에 주민등록증이 말소된 여자
비로소 둥근 여자가 익는다

노인은 노을을 매달고 달린다
생의 굴절이 때로는 저토록 아름다운 것인지
슬픈 것인지, 저문다는 것은
꺾여진 빛을 온몸에 매다는 것이라는 것을

자전거는 아는지

몸 밖의 굴절과 몸 안의 굴절이 만나서
노을이 된다는 것을 아는지 모르는지
노인은 자전거 페달을 밟으며
저녁 어스름 길을 가고 있다

사라진 손가락

엄지손가락 옆에
손가락 하나를 더 가지고 있는 아이를 보았다
육손이라고 했다
그 아이는 얼마 후 손가락 하나를 잘라내었다
많은 것이 죄가 되는 줄 그때 처음 알았다

남은 엄지손가락은 그 옆의
사라진 손가락을 여전히 기억하고 있는지
한쪽 가지 부러진 새총처럼 늘 삐딱했다

그 후 그 애는 사라진 손가락을 따라
하늘나라로 갔다

손가락이 사라진 밤하늘을 보니
북두칠성이
별 여섯 개만 가지고 반짝이고 있었다
한 귀퉁이의 별이 구름에 가려 보이지 않았다

나는 그 여자애와 나이가 같았지만
별 하나에 구름이 끼어서 동창이 되지 못했다
함께 반짝이지 못했다

나는 손가락이 다섯 개였지만 늘 손가락 하나가 모자랐다
없는 손가락 하나가 아팠다

저 책이 불안하다

동네 쓰레기 소각장에 버려진 책이 불을 기다리고 있다
라면 박스, 지푸라기, 빈 소주병, 낡은 컴퓨터 등과 더불어
책은 버려진 한 시대를 이야기하고 있다

오랫동안 누군가에게 읽혀진 것이 책이라면
수억 년 동안 지구를 읽어온 태양은 전문 독자다

뜨거운 불의 눈으로 읽어온 지구 책의 세목들이
봄, 여름, 가을, 겨울, 총 4부로 나누어져 있는 것도
책의 고급 독자인 태양의 의중에 따른 것이다

그러므로 책은 본래 불과 친숙하다
불이 책을 태우는 것은 그냥 없애는 것이 아니다
불은 책의 내용을 뜨겁게 음미하면서
지상에 존재했던 활자들의 흔적을 지운다

이제 책이 소각될 차례다
불은 태양의 명령을 받고 제 몸을 책 위에
하나씩 던지며 책을 태우기 시작한다

몇 해 전 아버지라는 이름의 텍스트가
독자인 흙과 하나가 되었듯이
책은 선뜻 불과 하나가 된다

종이 책을 다 태운 다음 불은
컴퓨터의 E-BOOK 쪽으로 발길을 옮긴다
불과 쉽게 하나가 되기를 거부하는
저 책은 어쩌면 폭발할지도 모른다

저 책이 불안하다

바닥은 수시로 바뀐다

 바닥은 수시로 바뀐다 논바닥이 시장바닥이 되고 시장바닥이 손바닥처럼 이리저리 뒤집히는 일은 세상에 다반사다 어떤 시인은 사랑이 바닥을 쳤다고 하고 어떤 이는 주가가, 부동산 경기가, 경기침체가 바닥을 쳤다고 하지만, 바닥은 누군가 함부로 치는 물건이 아니다 바닥의 주인이 없는 것은 사실이지만 함부로 쳐서는 안 된다 바닥이 없으면 모든 것은 한순간에 무너져 버리기 때문이다

 그래서 그런지 사람들은 지금도 꿈의 바닥을 찾아 이리저리 뛰어다닌다 태풍이 불어와도 끄떡하지 않는 바닥, 영원히 깔고 앉아 있어도 불평하지 않는 바닥, 그런 바닥은 없을까 불안은 늘 환상 속을 헤매다닌다 하지만 세상엔 그런 바닥은 없다 물 깊은 저수지가 연꽃을 피워올리는 것은 바닥 때문이 아니다 연꽃은 수렁 속에서 더욱 싱싱하게 피어난다 수렁은 사람들이 꿈꾸는 바닥이 아니다 수렁의 바닥은 수시로 꿈틀거린다

이제 이 땅에 바닥을 소유하고 있는 것들은 없다 소유도 바닥을 쳤다 바닥은 자신을 영원히 소유하게 하지 않는다 다만 잠깐씩 세상에 제 몸을 값없이 빌려준다 가장 낮은 곳으로 내려갈수록 바닥이 바닥다워진다 지하도 여기저기 널려 있는 바닥은 제 몸을 기꺼이 노숙자들에게 내어준다 바닥과 가장 친숙한 그들에게 낮은 곳으로 임한 바닥의 복음을 전해준다

신神도 구름으로 존재의 바닥을 삼으셨다 구름은 수시로 제 모습을 바꾼다 사람들은 구름을 보면서 신의 눈빛이 바뀌었다고 생각한다

정전

번쩍! 하는 사이

내 안의 빛이 낯선 주소를 따라갔다
오랫동안 기별이 없었다
그림자도 보이지 않았다

그동안 내 안에서 나를 키우던
빛의 행방이 묘연한데
고드름과 목탁이 무슨 상관이 있나
목탁과 꽃이 무슨 상관이 있나
가슴이 자꾸만 아려오는데

번개는 자꾸만
고드름과 목탁과 꽃의 상관관계를 읽으려고
번쩍거리는데

환한 빛 속의 한때

고이면서 자라던 것이
두드리면서 울던 것이
벙글면서 웃던 것이

한순간

낯선 주소를 따라 갔다
(내 나이도 따라갔다)

저녁

하루의 뜨거운 햇살이 날아가 박히는
저녁은 과녁의 또 다른 이름이다

어느덧 서산에는
과녁에서 화살을 거두어들이는 소리가 붉다

화살이 너무 많아 뜨거웠던 여름도
어느새 스스로의 과녁을 찾아 떠나고

뜨거움과 붉음 사이에
성큼 가을이 와 있다

가을 속에도
산이 있고, 내(川)가 있고, 꽃이 있다

계절마다 여기저기
메아리의 과녁, 빗방울의 과녁, 꿀벌의 과녁들이

웅성거리고 있었는데, 그들은 지금
제 몸의 무수한 화살 자국을 어루만지고 있다

아침 햇빛을 가만히 보니

아침 햇빛을 가만히 보니 저녁이네
노래인 듯 저녁이네
아침과 저녁 사이가 긴 줄 알았더니
순간이네, 바람인 듯 순간이네

꽃들은 아침에 피어서 저녁을 느끼고
저녁에 피어서 아침을 살아가는데

개미들은 아침을 저녁처럼
저녁을 아침처럼 천천히 기어서
제 집의 마지막 어둠에 이르는데

아침 햇빛을 가만히 보니 눈물이네
눈물 글썽이는 웃음이네

웃음과 울음 사이가 먼 줄 알았는데
웃음인 듯 울음이네

아침 햇빛을 가만히 보니
그 속에 내가 울고 있네
나인 듯 그대가 웃고 있네

나사

내 기억은 나사 모양으로 되어 있다
그리하여 무언가를 감고 수없이 돌아서
그것을 단단히 조이려는 성향이 있다

나사의 원조는 똬리를 틀고 있는 뱀인데
뱀이 지시하는 기억을 거슬러 올라가다 보면
이브를 만날 수 있다

그 옛날 이브는 결국 뱀 모양의 볼트의 꼬임에 빠져
스스로를 너트로 만들었던 것인데
그때부터 해와 달은 보이지 않는 볼트와 너트의
궤도를 따라 쉬지 않고 돌기 시작했던 것인데
한번 너트에 든 볼트는 궤도를 따라 돌면서
한 몸이 되어갔던 것인데

너트와 한 몸이 되어 있는 볼트는
아담이 아니라 뱀이라는 게 문제여서

결국 나사를 따라가다 보면 죄와 만나게 된다

그때부터 내 기억 속에는 수많은 뱀이 살기 시작했고
뱀은 날마다 이브를 그리워했다
원초적인 나사의 숙명이 시작되었다

터널들

뚫려 있는 것이 어둠인 것들이 있다
나를 뚫고 너를 뚫고 하늘을 뚫고 바다를 뚫고
바람은, 새들은, 물고기들은 그렇게 돌아다녔을 것이다

그들이라는 것들의 세계는, 뚫려 있으나 어둡다
터널을 뚫는 일이 어둠을 만드는 일임을
천성산의 도롱뇽들은 알고 있었을까
속도를 위해 기꺼이 몸을 내어주는 것들,
어둠으로 숭숭 뚫린
흙과 공기와 물들의 표정을 읽는 일이
언제부턴가 내 일처럼 느껴졌다

내 몸에는 얼마나 많은 터널이 존재할까
뚫려 있어서 어두운 것들의 역설로 인해
내 마음은 늘 불편하다

그러나 아이러니하게도 불편한 마음이 터널을 만든다

나는 사랑하면 할수록 내가 사랑한 것들이 불편하다
그들 속에 내가 그동안 무수한 터널을 뚫었기 때문이다
나는 그 터널들로 인해서 시인이 되었다
불편했던 터널의 은유를 알게 되었다

어렴풋이 나는 느낀다
내 불편한 마음이 여전히 사랑해야 할 것은
무수한 터널을 뚫으며 어두워지는 것들이라는 것을,

멀리 새 한 마리, 터널을 뚫고 어디론가 날아간다

샘

아이들에게 시를 가르치면서부터
나는 아이들에게 샘이 되었다
우주의 곳곳에 숨어있는 시의 물줄기를
내 몸에 담아내어 아이들에게 흘려보내는 나는
아이들 앞에만 서면 늘 출렁거린다

아이들은 시인 샘이 신기한지
즈이들끼리 샘의 깊이와 투명도를 측정해보고
문득문득 자신의 얼굴을 샘에 비춰보곤 하였다

샘도 어디론가 기울어져야 흐를 수 있다고
나는 마음을 기우뚱 기울여도 보고
이름 모를 풀꽃 사이를 흘러가다가
부러진 꽃을 발견하고 흠칫 놀라기도 하였다

나는 아이들에게
시를 쓸 때는 비유가 생명이라고

비유는 물 표면에 비친 하늘 같은 것이라고
문득 나를 열어 푸른 하늘을 받아내기도 하다가

샘! 하고 부르는 맑은 풀꽃의 눈빛에
화르르 깨어나 출렁거리며
먼 먼 바다보다 강물보다 먼저 풀꽃 쪽으로 끝내
기우뚱 기울어지고 마는 나는,

머리카락의 자서전

머리카락은 수시로 자서전을 쓴다
바람에 흩날리면서 이리저리 헝클어지면서
자서전을 쓴다 머리를 감을 땐
한 뭉치씩 빠지면서, 가려움을 토해 놓으면서
자서전을 쓴다

내 마음 가까이에 사는 여자는 얼마 전에 긴 머리를 잘
랐다
사람들은 산뜻하고 젊어졌다고 말하지만 난 그녀가
자신의 자서전에 변화를 주기 위한 것이라는 걸 안다

갈대들도 가을이면
허리를 굽혀 한 계절의 마지막 자서전을 쓴다
갈대의 머리가 흰 것은
이제 더 이상 먹물을 찍을 필요가 없어졌기 때문이다

가을 능선이 점점 흰 머리가 늘어간다

무덤에 들었던 아버지가 바람과 함께 출렁이며 일어나
못다 쓴 흰 머리카락의 자서전을 쓰고 있다

대패질

 호수에 바람이 인다 바람이 호수를 대패질한다 물결이 출렁인다 호수 위에 떠다니던 구름이 한 겹씩 벗겨진다 햇살이 화사하게 반짝인다 순간순간 물이 하늘을 담아내던 것을 대패는 기억하지 못할 것이다

 아버지는 목수였다 아버지의 대패질은 늘 힘찼지만 가끔씩 옹이에 걸려서 대팻날이 부러졌다 아버지는 나무의 나이테를 한 겹씩 벗겨냈다 벗겨내고 벗겨내도 자꾸만 나이테가 나왔다 일사후퇴 때 혈혈단신으로 월남한 아버지는 끝내 휴전선을 대패질 하지는 못했다 자꾸만 철책선에 걸려서 대팻날이 부러졌다 나무 속에 숨어 있던 어떤 울음을 벗긴다는 것이 송판 위에 못을 박고 집을 세우는 일보다도 어려웠다

 호수가 잠잠해진다 어둑어둑 호수 위에 저녁의 나이테가 조용하다 대패가 벗겨낸 하늘이 얇게 구름이 되어 떠다닌다 저 하늘은 언젠가 또 다시 비를 내리고 천둥과 번

개를 몰아칠 것이다 몇 년 전에 돌아가신 아버지의 목소리가 대패가 되어 자꾸 내 가슴을 밀어댄다 어둑어둑 잠잠해진 호수가 아프다

그림자 다이어트

 그림자가 나를 뜯어먹고 있다 나는 그림자 곁에서 야윈다 나인 듯 하면서도 내가 아닌 그림자가 나는 무섭다 나를 감시하는 걸까 나를 무시하는 걸까 나를 졸졸 따라 다니다가도 돌연 어디론가 사라지는 그림자, 그러다가 갑자기 나타나서 내 키를 늘여 눕혀 놓기도 하고 내 형상을 온통 흑백의 자화상인 듯 세상에 불쑥 내미는 그림자,

 그런데 그림자를 자세히 보니 어딘가에 붙어서 떨어질 줄 모른다 그림자의 저 놀라운 집착력에 나는 잠시 아찔해진다 내 몸과 바닥에 몸을 걸치고 떨어질 줄 모르는 저 양다리 생존법이 나는 겁난다 그러고 보면 내 몸이 야위는 것은 그림자의 양다리 생존법 때문이다 내 몸의 양분을 나 몰래 바닥에게 전해주는 저 음흉한 자태를 보라,

 나는 그림자가 무섭다 하지만 한편으로는 그림자가 고맙다 세상의 온갖 색깔에 물들어가면서 점점 비대해지는 내 몸을 한순간 얇은 흑백의 과거로 되돌려주는 저 놀라

운 흑백 다이어트, 고맙고도 놀라운 그림자에게 오늘도 나는 감사히 내 몸을 맡긴다

　내 몸은 이미 전 생애를 저 하늘의 빛에게 투시당했다 빛은 엑스레이를 찍듯 내 몸을 찍어 하루 분량의 동영상 필름 한 통을 또 남길 것이다 저 필름 속에 내 병명이 들어있다 야위어가는 내 몸의 비밀을 그림자는 알고 있다

대나무

당신은 무슨 비밀이 그리 많기에
몸속에 수많은 방을 만들고
휘어질지언정
잘 부러지지 않게, 이따금
소문으로 불어오는 바람이 잘 미끄러지게
푸른 피리소리들을 숨겨놓았나요?

당신의 몸속에서 피리소리를 꺼내는 일은
당신을 땅과 하늘의 행간에서 떼어내어
캄캄한 비밀의 방을 헐고
당신의 몸 귀한 곳에
잘 익은 구멍 하나 내는 것

제3부

달빛의 구조

멱살만 남았어요

그해 겨울 강물은 구름 밑 산자락에
멱살만 남겨놓고
어디론가 흘러갔어요

쌀독 깊이 파고들던 쌀벌레들이
몸이 추워, 쌀독 밖으로 기어 나오고
사춘기를 갓 지나던 내 청춘은
찬바람이 정의하던 시대를 거슬러
마당가 붉은 흙을 녹이던
햇살 한줌으로 머물고 싶었어요

무언가 멱살이 필요하던 시대
나무들은 바람에게 멱살을 잡혀
사정없이 흔들리다
우수수 이파리들을 모두 떨구며
제 뿌리를 아파했어요

거리마다 말들은 무성했으나
그것은 단지 행방을 알 수 없는 낙엽이거나
휴지조각이 되어가던 채권일 뿐
좀처럼 멱살의 정체를 알 수 없었어요

겨울바람은 그때 나에게
구름의 멱살을 잡는 법을 가르쳐 주었어요
어느 순간 하얀 쌀밥이 되었다가 돌연
글썽글썽 눈물이 되어 떨어지던 구름은
한순간, 바람에게 멱살이 잡혀 끌려 다니다가
끝내 멱살만 남곤 했어요

그때부터 일기장을 채워가던 내 안의 말들은
스스로 알 수 없는 행렬을 갖추더니
번지를 알 수 없는 멱살이 되었어요
시가 되었어요

내 청춘의 일기장엔 끝내
멱살만 남았어요

단추

나는 평생 구멍을 찾아 헤매었으나
사람들은 나를 달이라고 별이라고 불러주어
그냥 밤하늘에서 빛나기로 했습니다

그런데 나는 아직도 별이 아니고
달이 아니고
그냥, 구멍이 그리운 단추입니다

물집

못을 박다가 손가락을 찧어 물집이 잡혔다
물집은 아픔의 흔적을 한줌의 물로 보여준다
순간의 고통 속에 갇혀서 흐르지 않는 물
저 물은 북받치던 설움이 선뜻 눈물이 되지 않을 때의
알 수 없는 비밀을 가졌다

나에겐 물집이 잡혔던 몇 번의 기억이 더 있다
뜨거운 물에 데었던 기억과
과격한 노동의 끝
벌건 손바닥에 맺혔던 물집의 기억

뜨겁다는 것과 아프다는 것을
갇힌 물로 표현하는
저 벙어리물의 이상한 발성법을 누가 알랴
아침마다 풀잎 위에 맺혀 있는 이슬도
하루의 그리움과 뜨거움이 남긴
말없음의 징표라는 것을 누가 알랴

한순간, 하루의 열기가 물집을 만든다
지구를 향한 태양의 뜨거운 사랑,
그 무수한 햇살의 못들이 만들어 낸 물집이
달이라는 것은, 밤마다 하늘에 물집이 잡힌 채
환하게 울고 있는 저 달도 모른다

사랑의 저 말 못할 발성법은 물집도 모른다

휘어진 등뼈

해안선을 따라 집들이 다닥다닥 붙어있다

들고 나는 것들은 늘 그쯤에서
제 기억을 담아놓고 싶은 것인지
물살로도 다 쓸어가지 못하는 것들을
저렇듯 많이 거느리고 있다

속이 노랗게 보이는 조개들은
평소엔 입을 다물고 있다가도
물살이 밀려와 그득히 짠물을 토해놓으면
제 속살을 슬쩍 슬쩍 보여준다

지상의 해안선을 그윽한 눈빛으로 내려다보던
하늘에 떠 있는 해안선은
어둠이 깊어서야 밝게 빛난다

허리가 휘어진다는 것은

웅크리고 무언가에 몰두해 있었다는 것의 표지일까

밤이 깊어
하늘의 해안선과 지상의 해안선이 만나는 시간
휘어진 등뼈 사이로
들고 나는 물소리가 점점 거칠어진다

창백한 푸른 점*

모든 것은 점 안에 있다

63 빌딩도, 엠파이어 스테이트 빌딩도
진시황도 광개토대왕도 크레오파트라도 제우스도
빌게이츠의 모든 재산도 마릴린 먼로의 누드도
동성애자들의 메카 샌프란시스코도, 시드니도
결국엔 점으로 수렴된다

점은 마침표다 점은 먼지다 점은
피부과에서 레이저로 간단히 뺄 수 있다
창백한 것일수록 빨리 빼버려야 한다

마침표 속으로 먼지 속으로 몰려드는
유태인 학살, 광주학살, 911테러
화성 연쇄 살인사건의 토막 난 비밀들

명왕성 근처에서 보면 지구가

창백한 푸른 점으로 보이는 것은
작은 점에 불과한 지구가
어느 별에게도 말할 수 없는 큰 비밀을 가지고
덜덜 떨고 있기 때문이다

악몽이 멈추지 않고 반복되듯
마침표이면서도 쉽게 마쳐지지 않는
먼지이면서도 아주 사라지지 않는
견딜 수 없이 뼈아픈,

저 작은 점은

과연 누가 써 놓은 어떤 문장의 마침표일까?

*창백한 푸른 점: 보이저 1호가 60억km 밖 명왕성 근처에서 모래알 같은 지구를 찍은 사진에서 영감을 받아, 천문학자 칼 세이건이 쓴 책의 제목.

달빛의 구조

달이 둥글다고 달빛도 둥근 것이 아니야
실타래가 실을 술술 풀어내듯
달이 제 몸을 풀어내는 것이 달빛이 아니야

달빛은 달의 것이 아니야
달 뒤에 숨은 어둠의 것이야
동백 이파리에 깃든 저 달빛 좀 봐
멀리 멀리
달의 그늘을 끌어당기고 있는 것 좀 봐

빛을 떼어낸 자리에 어둠이 있다는 거
이미 온몸으로 체득하였다는 듯이
먼 어둠을 향해 빛을 퉁겨내고 있는 것 좀 봐

달빛을 끌어당겨 활짝 꽃 피우고
다시 빛을 놓아주는 저 동백의 모가지 좀 봐

달빛이 어떻게 생겨나 어디로 흘러가는지
언제 흘러와 어떻게 꽃피고 열매 맺는지
삼라만상에 출렁이는 꽃과 나무,
강물과 바닷물을 보고 있으면
달빛의 구조를 알 수 있어

그러므로 달빛은 달의 것이 아니야
달이 밝다고 달빛도 밝은 것이 아니야
달빛을 보려면
삼라만상에 그득한 생명들의 표정을 보면 돼

자, 이제 내 얼굴에서 달빛을 찾아 봐

바깥이 안을 꺼내다

이 세상에는 손이 괄호 쳐둔 것들이 너무 많다
( )는 바깥에 있는 것들을 안에 가두는 기표 같지만
자세히 보면 바깥이 안에 있는 것들을 꺼내려는 기표다

나는 총각시절 아내를 괄호 쳐두고
몇 날 며칠을 생각하다가
아내를 괄호 밖으로 꺼내서 결혼을 하였다
소중한 것일수록
한번은 괄호 쳐두고 싶은 것이 사람의 마음인데
어쩐 일인지 괄호 밖에 있는 것들은
괄호 안에 있는 것들을 이상한 눈으로 쳐다본다

신은 우주에 해와 달을 띄워놓고
그 안에 너무 많은 것들을 괄호 쳐 놓았다
사람들은 음양오행이나 사주로
괄호 안에 갇힌 것들의 비밀을 알고 싶어 하지만
지평선이나 수평선은 신이 쳐놓은 한쪽 괄호만

슬쩍슬쩍 보여줄 뿐
그 안에 갇힌 것들의 실체를 좀처럼 보여주지 않는다

나는 신혼 시절 아내를 괄호로 느끼면서
아내의 괄호 속에 있는 것들을 꺼내보려고
해와 달이 여러 번 떴다 지는 것을 바라보았지만
아내의 괄호는 끝내 열리지 않았다

나는 그 이유를 한참 세상을 더 살고서야 알았다
아내는 한쪽 괄호밖에 가지고 있지 않아서
다른 한쪽 괄호는 끝내 열리지 않는다는 것을

그리하여 사랑이란
한쪽 괄호가 또 다른 쪽 괄호를 만나
스스로 그 안에 은밀한 것들을 가두고
괄호 밖의 손에게 해와 달 모양의 열쇠를
훌쩍, 넘겨주는 일이라는 것을

덫

저 꽃을 보니 덫에 걸려 있다
바람을 쉽게 놓아주지 못한다
무엇보다도 벌이나 나비 생각으로
끊임없이 흔들리고 있다

꽃의 생각을 아는지 모르는지
이따금씩 벌이나 나비가 찾아온다
그들은 꽃의 아름다움보다는
꽃이 품고 있는 생각에 취해 있다
꽃의 생각은 늘 향긋하다
바람을 타고 멀리 떠돌아다닌다

꽃은 바람의 덫에 걸렸다
바람은 꽃 속의 생각을 풀어내어
동네방네 소문을 내고 다닌다
생각이 다 풀리면 꽃이 시든다는 것을
바람은 알고 있다

그런데 꽃은 바람과 벌과 나비가
제 덫에 걸려든 것이라고 생각하고
방실방실 웃고 있다

꽃이 아름다운 것은 덫 때문이다
아름다운 것은 늘 조금씩 위험하다

야카모즈*

하늘에 떠 있는 달보다
물속에 비친 달빛이 더 아름답다
흔들리기 때문이다

물속의 달빛을 바라보는 건
제 마음을 흔드는 일이다
사랑하는 일이다

물 위의 달보다도
물속의 달빛이 아름답게 느껴지는 건
이미 사랑에 빠졌다는 증거이다

이미 사랑에 빠진 눈으로 보면
하늘에 떠 있는 달도
물속에 비친 달빛처럼 출렁인다
세상의 모든 것이 이미 물속에 있다

사랑은 또렷한 세계를 지나
출렁이는 세계에 이르는 것이다
출렁이는 물의 거울로 세상을 바라보는 일이다

*야카모즈(yakamoz) : '물속에 비친 달빛'이라는 뜻의 터키 말로 세계에서 가장 아름다운 단어로 뽑힌 바 있다.

환幻의 지느러미

 모처럼 교외 냇가에 나가 송사리 떼가 놀고 있는 것을 보았다
 송사리 떼는 물살을 거슬러 오르다가 돌연 풀숲으로 숨었다
 幻을 본 것일까?

 물고기들은 물살의 힘을 몸으로 느끼면서 물속을 헤엄친다
 물살이 흘러드는 쪽에 무언가 있을 것이라는 환상이
 물고기로 하여금 헤엄을 치게 한다, 물살이 幻을 불러온다
 정자와 난자가 만나는 일도 아마 그럴 것이다

 물고기들은 물속을 헤엄치다가 이따금씩 물 위로 뛰어오른다
 물고기들도 가끔은 물 위의 세계가 그리운 것이다
 하지만 幻이 거느리고 있는 것은 생보다는 죽음인 경우

가 많다
  물 밖의 세계가 그렇다, 쏘가리나 꺽지 같은
  어비산魚飛山* 민물고기들은
  물 밖의 생을 그리며 공중으로 날아오르려고 몸부림치지만
  그들이 날아오른 곳은 종종 죽음의 땅이다

  나는 오늘도 밤하늘을 보며
  물고기자리 근처에 있는 幻의 지느러미를 본다
  지상에서 幻을 꿈꾸다 죽은 것들로 이루어진 저 별들은
  또 무엇을 향해 헤엄치고 있는 것일까

  幻의 지느러미가 수놓은 반짝이는 물살이
  어두운 밤하늘을 이끌고 어디론가 가고 있다

    *어비산魚飛山 : 가평과 양평 경계선에 있는 산으로 장마철에
    고기들이 날아다녔다는 전설이 있다.

셀카놀이

사실 나는 나쁜 놈이다
세상의 모든 것들을 나라고 우기고
그것들을 사진으로 찍어서
그것들을 또 다른 나라고 우겨댔었다

그런데 그건 내 탓이 아니다
태양 탓이다 달과 별들 탓이다
이슬 탓이다 호수 탓이다 아니
네 눈물 탓이다

무언가 반짝 하고 빛을 발하는 것들은 위험하다
사진을 찍는 일이 영혼을 찍는 일이었던
그 옛날의 고정관념 때문만은 아니다

가령 태양이 자신이 거느리고 있는 행성들을
어디로도 도망가지 못하게 하고
수시로 사진을 찍어대는 것이 어디 직업의식 때문일까

태양은 스스로를 볼 수 없기 때문에 그들을
 자신의 얼굴로 착각하고 수시로 셀카를 찍고 있는 것
이다

 그러니 나는 나쁜 놈이 아니다
 단지 너를 나라고 잠시 착각하고 사진을 찍은 것일 뿐,
 그래서 너와 사랑에 빠진 것일 뿐,
 스스로 사진을 찍는 일이 사랑이라는 것을 알아버렸을
뿐,

강

저에게는
사랑하는 사람에게 아직 전하지 못한 편지가 있습니다
너무 길기 때문입니다
그 편지를 저는 아직도 쓰고 있습니다

제4부
사랑은 구름의 일

아포토시스*

 팔순을 훌쩍 넘긴 노구의 몸으로 늙은 아내의 병 수발을 하던 외삼촌은 아내가 세상을 떠나자 급격히 노쇠해지더니 이내 병석에 눕고 말았다 외숙모를 병수발 하다가 도진 허리 병을 이겨내지 못하고 끝내 며느리에게 당신의 배설물까지 맡기게 된 외삼촌은 스스로 곡기를 끊고 한 마리의 연어가 되었다

 수정을 끝낸 연어는 아무것도 먹지 않고 알이 부화되기를 기다리다가 서서히 죽어간 것이다 이 세상의 모든 고통을 담은 알들은 남대천에서 부화해서 오오츠크해 베링해를 지나 알래스카만까지 가는 동안 죽음 이전의 생을 기억해 낸다 연어가 회귀하는 것은 죽음에 대한 기억 때문이다 연어가 된 외삼촌의 육신은 스스로를 분해시키고 그가 부화시킨 죽음의 알들의 행로를 허공 중에서 끝끝내 살피고 있을 것이다

 나는 지금 내 안에서 부유하는 죽음의 알들을 본다 한

마리의 언어를 본다 나를 파괴시켜 나를 지탱하려는 몸부림을 본다 죽음의 거대한 원심력과 구심력을 본다 나는 문득 언어가 된 외삼촌을 떠올리며 죽음을 거대한 삶의 힘으로 느낀다 내 안의 생체시계, 그 째각거림으로 나는 살아 있다 삶을 통해 죽음에 이르는 모순된 나는 오늘도 세끼 밥을 모두 다 챙겨 먹었다 내 몸 바깥의 시계가 자꾸 나를 협박하기 때문이다 어쩌면 저것이야말로 진짜 죽음의 시계인지도 모른다 시계소리가 점점 커지고 있다 나는 아직도 살아 있다

*아포토시스 : 생물학에서, 세포가 적절한 신호 자극을 받았을 때 스스로를 파괴하는 메커니즘으로, 세포 증식과 균형을 이루기 위한 정상적인 생리과정이다. 이는 종종 '죽음의 스케줄'이나 '인간생체 시계'라는 말로 설명되기도 한다.

무늬를 넘어서는 법

나는 끝없이 흐르기를 좋아했다
하늘은 때때로 깊었고 바람은 몸에 친숙했다
깊은 하늘을 휘저으며
바람은 출렁임의 형상으로 내 몸에 무늬를 새겼다

순간, 낯선 무늬가 나에게로 왔다
나는 서툴렀고 자꾸 넘어졌다
무늬가 나의 것인지
누구의 것인지 아무도 가르쳐주지 않았다

나는 다만 출렁이고 흐르기를 반복하면서
나도 모르는 사이에, 언뜻언뜻 보이던
무늬 속 새의 길을 익혔다
새의 길이
잠시 출렁이다 천천히 내 몸에 새겨졌다

그때부터 내 몸은 날개의 옷을 입고

증발하는 일을 즐겨했다
몸에 새겨진 무늬를 넘어서는 법을 배웠다

무늬가 증발하여 구름이 되면
또 다시 무거워진다는 것도 모르고
무늬 속에 천둥과 번개가 숨어 있다는 것도 모르고

그렇게 서둘러 여름이 갔다

사랑은 구름의 일

구름은 너무 많은 생각을 가지고 있을 때 위험하다
그럴 때 구름이 안개가 되려는 발상은 더욱 더 위험하다
안개는 지워야 할 것과
지워서는 안 될 것을 쉽게 구분하지 못한다
그러므로 구름은 그냥 구름이면 된다
그러므로 나는 그냥 나이면 된다 구름 사이로
첫사랑이 지나갔다고 말하는 것은 이제 모두 옛일이다
구름은 늘 무언가 쏟아내야 할 말들을 가지고 있게 마련이다

사랑이란 그런 것이다

구름 곁에 구름을 세워두는 일
구름과 구름이 만나 빗줄기를 쏟아내는 일
천지에 천둥과 번개를 가득 채우는 일

그런 계절을 그냥 여름이라고만 말해서는 안 된다

뜨겁다고 축축하다고 다 여름은 아니니까
그러므로 여름이 비를 몰고 온 건 아니다
그건 모두 알 수 없는 구름의 일

가령 꽃 같은 것이 문득 구름을 아무데나
우두커니 세워두는 일을
계절의 언어로는 쉽게 해명할 수 없다

구름 밑의 흙이 축축해지는 것도 구름의 일
그러니까 사랑은 구름의 일

그 후에도 구름은 종종
그곳에 빗줄기를 오래 세워둔 적이 있다

방 구하기

나는 방을 얻기 위해 반평생을 힘썼지만
내 소유의 온전한 방 하나 갖지 못했다

나는 생각다 못해
생각의 방이라도 하나 마련하겠다고 가만히 눈을 감는다
하긴, 생각 속에선 꽃의 씨방도 나의 방이고
허공을 자유롭게 날아다니는 나방도 나의 방이고
심지어는 천지사방이 모두 나의 방인 것을

신혼시절에 방값이 올라서 서울 외각으로 떠돌던 그 마음으로
나는 생각 속에서 정처없이 떠돌며 내 방의 주소를 확인한다
지금도 어딘가에서 나를 잡아당기는 방이 있을 것 같아
오래전 어머니의 자궁에 다시 든 듯, 그만 아늑해진다

나를 나이게 만든 방이 어디 어머니의 자궁뿐일까

어찌 보면 지금 나를 잡아당기는 모든 것이 방이다
나를 잡아당겨 둥글거나 각진 어둠 속에
가두려드는 것은 모두 방이다 순간도, 생각도, 추억도,
죽음도, 사랑도, 절망, 詩도,

그렇다면 나를 자꾸만 잡아당기는 저 방들을 가둘 방은 없는 것일까
지금 무언가 내 생각을 자꾸만 잡아당기고 있다, 어떤 방일까?

물을 세운다

참으로 수수께끼 같은 얘기지만
물을 공중에 비스듬히 누이면 무지개가 된다
무지개를 누이는 자 누구인가 아무리 쳐다보아도 보이지 않는다
누인 자가 누군지는 누워본 자만 안다 강물의 마음은 지평선이 안다
산을 누이고 구름을 누이고 바람을 누이다보면 지평선이 보인다
무지개를 걸어두는 것도 지평선이다
오늘은 지평선 위에 누군가 물을 세우고 있다

세워진 것은 반듯이 눕는다 누운 것은 결국 흘러간다
머지않아 흘러간 것들은 다시 제 몸을 세우리라
세우고 눕고 세우고 눕는 것이 물의 본능이다
참으로 알 수 없는 얘기지만 물을 세우면 폭풍이 달려온다
폭풍은 누운 물보다는 세워진 물을 좋아하나보다

무지개와 폭풍 사이, 들판에 살아 있는 것들은
눕고 세우고 눕고 세우고를 반복한다
물은 지하의 깊은 웅덩이에 제 몸을 가두기 전까지는
출렁거린다
내 안에서 물이 일어선다 누군가 자꾸만

물을 세운다
나는 강처럼 눕고 싶어진다

옥상

  우리집에는 옥상이 있다 옥상은 내가 머리에 이고 있는 관冠 같은 것이다 한때 옥상은 꽃밭이었다 꽃과 나비가 찾아들었다 그러던 것이 지금은 잡풀만 무성하다 꽃들이 이름을 잃었다

  무언가를 머리에 이고 산다는 것은 즐겁고도 힘겹다 머리 쪽으로는 눈이 없어서 그것들은 잘 보이지 않는다 다만 느낌으로 알 뿐이다 이따금 옥상에 올라가 보면 비로소 꽃들이 웃는다

  아무리 아름다운 꽃도 위에 있는 것은 꽃이 아니고 관이다 관은 꽃보다 훨씬 거추장스럽다 내 위에 옥상이 있다는 게 문제다 꽃들은 스스로 무게를 느끼는 순간 관이 된다 벌과 나비를 잃는다 꽃을 보기 위해서는 옥상에 올라가야 한다 꽃과 눈높이를 같이해야 한다 눈높이를 같이해도 오래 버려진 꽃은 꽃이 아니다 잡풀이다 더 이상 불러줄 이름이 없다

아내는 가끔씩 빨래를 널기 위해서 옥상에 올라간다 그러면 아내는 꽃이 된다 나는 귀를 쫑긋 세우고 아내의 발자국 소리를 듣는다 아내는 어느덧 머리가 무거운 사슴이 되어 옥상을 거닐고 있다

벽 속의 꽃

벽에 못을 박는다
단단한 벽은 못을 자꾸만 밀어낸다
다시 더욱 힘차게 못을 박는다
못은 박힐 듯 벽을 뚫고 들어가다가
팽, 하고 어디론가 튀어 달아난다

깜짝 놀라 불꽃 튀긴 벽을 쳐다보니
벽에 꽃이 피어 있다, 벽 속에 뿌리를 둔 듯
움푹 패인 꽃자국이 선명하다
저 단단한 벽 속에 꽃이 숨어 있었다니?
벽에 못을 박는 일이 때로는 꽃을 피우는 일이라는 것을
망치는 알고 있었을까?

생각해보면 그녀도 때로는 벽이었다
햇빛과 바람이 잘 통하지 않았다
그때마다 나는 벽에 못을 박곤 했다
못이 벽 저쪽의 세계를 보여줄 리 만무했지만

나는 꽃이 보고 싶었다 그녀는
울리는 벽의 틈새에서 꽃을 보여주었다

그 후 나는 종종 벽에 못을 박았다
내가 박은 못은 자꾸 어디론가 튕겨나갔지만
그곳엔 꽃 이름을 알 듯 모를 듯
잘 지워지지 않는 꽃자국이 남아 있다

상대적이며 절대적인 무식 백과사전*

혹설에 의하면 인간이 키스를 하기 시작한 것은
개미들의 키스에서 배운 것이라고 하는데

혹설에 의하면 개미들이 키스를 하는 것은
자기들끼리 영양을 교환하는 수단이라고 하는데

혹설에 의하면 인간의 침 속에는
세균 수십 억 마리가 들어 있다고 하는데

혹설에 의하면 인간들이 키스를 한 후 자주 헤어지는 것은
  침 속에 들어있던 세균들의 모함에 의한 것이라고 하는데

  나는 이런 것들을 똑똑한 그녀에게 차마 물어볼 수가 없어서
  상대적이며 절대적인 무식 백과사전을 펼쳐보았다

*베르나르 베르베르의 『상대적이고 절대적인 지식의 백과사전』을 패러디 함.

문득

길을 가다가 문득 발을 멈추네
길을 끌고 우주 속을 달려가던 태양이 문득 멈출 것 같아
내 발걸음은 다급히 그 한 점으로 달려가네

무언가를 하려고 생각하다가 문득 생각을 멈추네
생각을 끌고 바다로 달리던 강물이 문득 멈출 것 같아
내 생각은 다시 그 한 점으로 달려가네

어쩌면 꿈틀거리던 내 삶이 고스란히 들어있는
그 한 점,
몇 번이고 잊으려고 해도 자꾸만 나타나던 그 한 점
어쩌면 나를 온통 사랑한 그 한 점이
제 속에 꽃을 숨기고 내게로 달려오는 모양이네

문득 문득 시를 쓸 때도 보이던 그 한 점
잡힐 듯 잘 잡히지 않던 그 한 점
어느 날엔가 회오리바람으로 내 안에 들어

온통 나를 흔들어놓던 그 한 점

내 인생의 쉼표인지 마침표인지
아니면 물음표의 밑점인지
아무도 가르쳐주지 않던 그 한 점

그 한 점 속에 문득,
가물거리던 내 문장이 보이네

밤의 저수지에서

밤의 저수지에 나가 내 안으로 흘러드는
하늘을 보고 물을 보고 어둠을 본다

저 뚝방에 밤새워 맺혀있던 이슬이 남겨놓은 눈물
저 저수지 근처에서 무지개가 사라질 때 놓고 간 눈물
그 위 구름이 어디론가 흘러가다 멈추어 섰을 때 흘린 눈물
그 눈물들은 흘러서 지금 어디에 고여 있을까

저 밤하늘에 은하가 뿌옇게 고여 있듯이
눈물도 어딘가는 분명 고여 있을 것이다
나는 그곳을 눈물의 절대공간이라고 부른다

내 눈물의 절대공간이 비어있을 때
내 눈에서는 눈물이 난다

그 무엇으로도 채울 수 없는,

눈물로만 채울 수 있는 공간

내가 밤의 저수지를 그윽이 바라보듯
누군가를 간절히 바라볼 때
충만하게 출렁거리던 공간

내 부족한 눈물의 분량만큼 글썽이다
흘러드는 참으로 알 수 없는,
내 안의 가장 여리고 정직한 공간

밤에도 환하게 차오르는 저수지가 보인다

꽃을 통해 허공을 말하는 법

나는 어느 날
당신이 말하는 것이 허공을 말하는 것 같아
당신이 문득 꽃으로 느껴지기 시작했지

꽃은 자신이 허공에 있다는 것을 모르지
자신의 안에 허공이 있다는 것도

하지만 뿌리는 꽃을 통해 허공을 말하는 법을 알고 있지
그런데 한차례 꽃이 피어나고 시드는 허공의 이치를
뿌리는 왜 끝내 침묵으로 일관하고 있는 것인지

그러면서 실뿌리는 점점 땅 속 깊이 뻗어가
낯선 돌을 만지고 샘을 더듬다가
어둠의 차디찬 깊이를 만나고 끝내 꽃을 떨구게 되지

아름다움은 모두 한차례의 흔들림으로 기억되는 것인지
허공은 자꾸만 꽃을 흔들고 꽃은 점점 외로워지지

그렇게 꽃은 떨어져 시들어가지

꽃이 외롭게 흔들리다가 만들어낸 흔적이
다시 허공이 된다는 것을 바람은 알고 있지
그렇게 만들어진 텅 빈 커다란 꽃이 허공이라는 것을
아무도 가르쳐주는 이가 없어도
허공은 텅 빈 꽃으로 날마다 새롭게 피어나지

당신과 내가 마주보며 흔들려서 만들어낸
바람의 빛깔, 저 허공의 언어가
꽃이라는 것은 영원히 당신과 나만이 알지

이별의 속도

구름과 이별한 빗방울이 전속력으로 뛰어내려
제 몸을 부수는 것은 목마른 땅의 간절한 눈빛이
빗방울을 전속력으로 잡아당기기 때문이다
이렇듯 이별의 속도는 마음이다
마음이 버리고 마음이 잡아당긴다
언뜻 보면 지구는 태양이 버린 마음이고
달은 지구가 버린 마음이다
멀어져가는 지구와 달을 끝내 버릴 수 없어
다시 끌어당기는
태양과 지구의 마음을 어쩔 것인가
사람들은 그것을 인력이라고 부르는 모양이지만
그것은 사실 사랑이다
멀어지려는 것을 끌어당기다보면 어느새 둥근 사랑이 된다
이별의 속도가 제로가 된다

□ 해설

공중에 풀린 영원성의 시학

이재훈(시인)

　박남희는 늘 그늘진 곳에 가리워진 작은 존재에 대해 탐색해 왔다. 이를테면 문명 속에서 길을 잃은 '폐차장'의 주소를 복원하여, 그 자리가 훼손된 자리가 아닌 우리가 잠시 잊고 있었던 자리라는 점을 감동적으로 보여주었다. 지금의 문명은 파괴된 자리가 새로운 자리이며, 보존하는 자리가 구태한 자리라는 엉뚱한 윤리의식을 강요케 한다. 그런 의미에서 오랫동안 박남희가 견지해온 정적(靜寂)의 공간들은 이미 속도에 적응된 우리들에게 설득력있는 성찰의 기회를 마련해 주었다. 그러나 그의 관심사는 소외된 존재를 영웅화시키는 시적 '세계화'에 있지 않다. 박남희의 시는 강한 자장으로 충격을 가하는 일종의 '환기' 역할 보다는 사유의 촉수가 사물 속으로 파고들어가 진맥하는 광경을 더 많이 보여준다. 그의 시선이 가닿는 공간과 사물들은 조용히 수런거리다, 스스로의 존재를 되묻기도 하며, 때론 생(生)과 멸(滅)의 고단함에 슬쩍 눈을 감기도 한다. 즉 박남희의 시적 공간 속에서 꿈틀거리는 사물이나, 배경으로 병풍쳐진 자연은 모두 시인의 오랜 사유 속에서 숙성되어 배출된 이른바 삭힌 언어들이다. 박남희의 시 속에 자주 출몰하는 아포리즘과 오도(悟道)의 방백들은 자주 우리를 시 속에서 서성거리게 만든다. 이렇게 오랫동안 곰삭은 사유의 편린들은 스스로의 내압을 견디지 못하고 뛰쳐나와 시의 언어들을 한 마디씩 거드는 것이다.

박남희의 이번 시집은 "폐차장 근처"에 가닿은 존재에 대한 애정이 "이불 속의 쥐"라는 작은 생명을 만나 누리게 된 특별한 경험이 내면화되어 있다. 그 경험은 새로운 시간에 대한 통정(通情)을 보여주는 시적 상황으로 드러난다. 박남희가 발굴해낸 소외의 공간들은 숨겨둔 공간을 유물화시켜 발굴한 공간이 아니라, 시적 주체의 사유가 빚어낸 은유로서의 공간이다. 결국 박남희의 소외된 공간은 주체의 사유가 적극적으로 개입한 '사유(思惟)의 사유지(私有地)'이다. 박남희는 시적 대상이 마련한 소외의 세계 속에 '시간'이라는 그물을 투망질한다.

그해 겨울 강물은 구름 밑 산자락에
멱살만 남겨놓고
어디론가 흘러갔어요

쌀독 깊이 파고들던 쌀벌레들이
몸이 추워, 쌀독 밖으로 기어 나오고
사춘기를 갓 지나던 내 청춘은
찬바람이 정의하던 시대를 거슬러
마당가 붉은 흙을 녹이던
햇살 한줌으로 머물고 싶었어요

무언가 멱살이 필요하던 시대
나무들은 바람에게 멱살을 잡혀
사정없이 혼들리다
우수수 이파리들을 모두 떨구며
제 뿌리를 아파했어요

거리마다 말들은 무성했으나
그것은 단지 행방을 알 수 없는 낙엽이거나
휴지조각이 되어가던 채권일 뿐
좀처럼 멱살의 정체를 알 수 없었어요

겨울바람은 그때 나에게
구름의 멱살을 잡는 법을 가르쳐 주었어요
어느 순간 하얀 쌀밥이 되었다가 돌연
글썽글썽 눈물이 되어 떨어지던 구름은
한순간, 바람에게 멱살이 잡혀 끌려 다니다가
끝내 멱살만 남곤 했어요

그때부터 일기장을 채워가던 내 안의 말들은
스스로 알 수 없는 행렬을 갖추더니
번지를 알 수 없는 멱살이 되었어요
시가 되었어요

내 청춘의 일기장엔 끝내
멱살만 남았어요

―「멱살만 남았어요」 전문

위의 시에서는 박남희의 시적 정체성을 보여주고 있다. 정체를 알 수 없는 울분이 시가 되었다는 고백을 사회적 시간 속에서 탐망한다. 사회적 시간은 우리 공동체가 겪은 시간과 그 속에서 개인이 겪은 특별한 경험들이 모두 투영된 시간이다. 멱살만 남은 시대는 화려한 것들은 모두 지나간 시간이다. 자연이 남기고 간 것은 "겨울 강물"이며, 시인에게 남은 것은 "멱살"로 말해지는 정체를 알 수 없는 울분이다. 시 속에서 울분의 정확한 사연은 알 수 없지만, 울분의 연유가 될 만한 주체의 사정은 짐작할 수 있다.

"찬바람이 정의하던 시대"는 아마 냉혹한 현실이었을 테고, 그 냉혹함을 감당하기 힘든 시대였을 것이다. 시인의 "청춘"은 이제 막 사춘기를 지나고 있는 순수한 영혼이다. 이미 그의 영혼에 깃든 것은 야망과 희망이 아니라 "햇살 한줌으로 머물고 싶"다는 것이다. 이 여린 청춘에게 "햇살 한줌"이면 된다고 마음먹게 한 것은 다름 아닌 "멱살이 필요하던 시대"이다. 결국 시인이 찾은 방법은 "구름의 멱살을 잡는 법"을 배우는 것이다. 그 내공의 말들이 축적되어 "시"가 되었다는 고백은 그의 시적 지향점을 상징적으로 보여주는 증언이다. 시인이라는 천형을 짊어지게 된 시적 주체의 내면은 늘 고통스럽다. 그 고통의 발원지를 시인은 어디에서 찾는가.

> 어깨와 허리가 결리기 시작한 것은
> 사고가 난 후 며칠만의 일이다
> 큰 차와 작은 차의 충돌이나
> 피해자와 가해자라는 입장만으로는
> 통증이 잘 설명되지 않는다

통증은 허공으로부터 온다
허공끼리의 충돌이 통증을 불러온다
허공은 무수한 통증을 숨기고 있다가
딱딱한 물체끼리 충돌하는 순간
딱딱한 감촉 속으로 스며들어온다

공중에 떠돌아다니는 통증은
이전에 누군가 버린 것들이다
통증은 스스로가 있던 몸의 부위를
잘도 기억해낸다
허공과 허공이 부딪히는 순간
본래의 자리를 찾아가는 기억합금처럼
통증은 딱딱한 몸으로 스민다

딱딱해진다는 게 문제다
몸은 어떤 물체와 충돌하는 순간 딱딱해진다
부드러움을 잃는다는 것이 사실은 통증이다
사고가 난 후 며칠 만에 찾아온 통증은
이전의 누군가의 상처와 이별하느라고
무척이나 힘들었을 것이다

나는 이왕에 딱딱해졌으니
당분간은 통증과 친해져 볼 생각이다
내 안에서 와글와글
통증이 새로운 언어를 찾는 소리가 들린다
─「통증은 허공으로부터 온다」 전문

  형상기억합금은 가공된 어떤 물체가 망가지거나 변형되어도 끓는 물 등으로 열을 가하면 원래의 형상으로 되돌아가는 합금을 말한다. 박남희는 출처를 알 수 없는 통각을 예민한 감수성으로 느낀다. 통증이 허공으로부터 온다는 시인의 경험은 시인이라는 주체가 겪은 특별한 감각에서 연유된다. 교통사고로 야기된 통증의 원인이 "허공끼리의 충돌"이라는 다소 과학적 이유를 시인은 설득력있게 진술한다.

  공중에 통증이 떠돌아다니는 것은, 이 세계에 존재하는 사람들이 버린 고통의 폐기물들 때문이다. 시인에게 통증은 "부드러움을 잃는" 것이다. "잃는 것"은 또한 이별의 경험이며, 그 경험은 고통을 수반한다. 시인이 기억하고 있는 것은 부드러움을 잃은 몸이며, 그 상실의 기억으로 인해 통증은 더 감각적으로 느껴진다. 시인은 육체적 고통보다 정신적인 고통의 수위가 더 깊이 감응되는 감각기관을 가진 존재이다. 그가 고백하는 통증의 기원은, 상실의 고통으로부터 "본래의 자리를 찾아가는" 과정 속에서 부침되어져 오랜 시간 돌보아온 통각이다.

시인이 말한 환지통의 고백은 "새로운 언어를 찾는 소리"라는 본질을 말하기 위해 추수된 것이다. 시인은 결국 "시"라는 본질에 대해 고백하고 있다. 위 두 편의 시는 이번 시집에서 말하고자 하는 시적 정체성을 대표적으로 보여주고 있다.

박남희가 이번에 마련한 공간은 이미 한 바퀴 돌아본 일상적 공간의 어디쯤이 아니다. 시인에게 시는 고통과 통증의 흔적이며, 또한 통증으로부터 구해낼 절박한 도구이다. 박남희는 이제 "허공"에 존재의 무게를 던져놓는다. 허공은 시간이 다른 방향으로 흘러갈 수 있는 곳이다. 계기된 시간성이 탈각된 허공은 "바람 같은 것"이며, "상징 같은 것"인 "비문"이다.(「비문」) 허공 속에서 "온몸으로 말을 하려는 것"이다. 즉 "스스로가 경전"인 시간과 공간을 그려보고 싶은 욕망이 이곳저곳에서 꿈틀거린다.

어쩐 일인지 나의 아침은 해가 뜨지 않고 해가 진다
그러므로 조금 전 내가 먹은 밥은 아침밥이 아니고 저녁밥인 모양이다
아침을 기다리듯 지금 내가 기다리는 여인은
손예진 같이 생긴 젊은 애인이 아니고 마흔이 넘은 아내다

아내는 조금 전 내가 알지 못하는 길 쪽으로 걸어와
어둠보다 늦게 도착했다 그러나 다행히 새벽은 아니다
내가 읽은 책은 자꾸만 인생을 말하려고만 하고
나는 아침에 넘긴 책장 부근에서 자꾸 서쪽 하늘을 보게 된다
요즘은 거꾸로 나이를 먹는 파도가 반갑고
밀려왔다가 금방 다시 밀려가서
모래 위의 흔적을 지우는 것들의 단호함이 부럽다
동쪽 해가 하늘을 비껴 아름다울 때 내 그림자가 다른 그림자와
자주 겹쳐지는 것을 좋아하는 것을 보면 분명 아침은 아침인데,
한밤중이 다 되어서야 학교 갔다 돌아오는 고3 아들을 보니
내 아침은 참으로 고장 난 아침이다

-「고장 난 아침」전문

새로운 "허공의 시간"을 감각한 시인은 특별한 아침을 맞이한다. 바로 "고장 난 아침"이다. "해가 지는 아침"이라는 불구의 시간을 시인은 담담히 받아들이면서 즐기고 있다. "어쩐 일인지"라며 뜬금없는 표정을 보이다가 "내가 먹은 밥은 아침밥이 아니고 저녁밥인 모양이다"라며 천연

덕스러운 태도를 보인다. 시인에게 시간이 뒤바뀌니 "해가 지는 아침"은 이제 일상적인 일이 된 모양이다. 일상의 일들이 뒤바뀐 시간 속에서 굴러가고 있는 모습을 보여주며, 시인이 가진 내면이 세파 속에서 녹록치 않음을 보여준다. 이제 담담히 받아들이면서 싫으면 싫고, 부러우면 부러운 산책자로 와 있다. 시인은 세상을 보이는대로 보고 느끼는 대로 느끼며 산다. 그러나 세상의 지식인 책은 자꾸만 타인의 인생을 설명하려 한다. 시인에게는 "파도"가 반갑고 파도가 만들어내는 단호함이 부럽다. 시인은 고장 난 아침에 살고 있지만, 자연이 주는 교훈은 잊지 않는다.

박남희의 자연은 주체와 대상의 관계 속에서 길항하거나 서로 화해하는 전형적인 모습이라기보다 시인의 생각대로 조금씩 자연의 새로운 형상을 보여주는 비밀의 속삭임에 가깝다.

달이 둥글다고 달빛도 둥근 것이 아니야
실타래가 실을 술술 풀어내듯
달이 제 몸을 풀어내는 것이 달빛이 아니야

달빛은 달의 것이 아니야
달 뒤에 숨은 어둠의 것이야
동백 이파리에 깃든 저 달빛 좀 봐

멀리 멀리
달의 그늘을 끌어당기고 있는 것 좀 봐

빛을 떼어낸 자리에 어둠이 있다는 거
이미 온몸으로 체득하였다는 듯이
먼 어둠을 향해 빛을 퉁겨내고 있는 것 좀 봐

달빛을 끌어당겨 활짝 꽃 피우고
다시 빛을 놓아주는 저 동백의 모가지 좀 봐

달빛이 어떻게 생겨나 어디로 흘러가는지
언제 흘러와 어떻게 꽃피고 열매 맺는지
삼라만상에 출렁이는 꽃과 나무,
강물과 바닷물을 보고 있으면
달빛의 구조를 알 수 있어

그러므로 달빛은 달의 것이 아니야
달이 밝다고 달빛도 밝은 것이 아니야
달빛을 보려면
삼라만상에 그득한 생명들의 표정을 보면 돼

자, 이제 내 얼굴에서 달빛을 찾아 봐

− 「달빛의 구조」 전문

이제 시인은 자연을 새롭게 바라보려는 시선을 보여준다. 달빛이라는 형상을 구조의 용어로 객관화시키려는 시인의 의지가 엿보이는 작품이다. 시각을 공간화시켜 설득하는 시인의 사유를 따라가보는 재미가 만만치 않다. 시인은 달빛이 달의 일부분이라는 보편적 생각을 탈피한다. 이전에는 없었던 자연의 이면을 생각하고 그것의 새로운 본질을 발견해내려고 한다. 시인은 달빛은 "어둠의 것"이라고 한다. 그 달빛의 정체를 파악할 수 있는 비교대상으로 '동백꽃'을 등장시킨다. 동백꽃이 피고 지는 과정을 달빛의 힘이 작용한 결과로 생각한다. 동백의 개화는 "달빛을 뜰어당"긴 결과이고, 지는 순간은 "다시 빛을 놓아주는" 결과이다. 달빛의 구조는 동백뿐 아니라 "삼라만상에 출렁이는 꽃과 나무"를 통해 알 수 있다. 자연의 일부를 통해 본질을 꿰뚫어보려는 시인의 시선 속에 오래된 동양의 본질적 사상을 엿볼 수 있다. 하지만 박남희에게는 사상의 표출보다는 달빛이 거느린 어둠을 발견해내는 직관의 힘이 더욱 중요하다.

사랑이란 그런 것이다

구름 곁에 구름을 세워두는 일
구름과 구름이 만나 빗줄기를 쏟아내는 일
천지에 천둥과 번개를 가득 채우는 일

그런 계절을 그냥 여름이라고만 말해서는 안 된다
뜨겁다고 축축하다고 다 여름은 아니니까
그러므로 여름이 비를 몰고 온 건 아니다
그건 모두 알 수 없는 구름의 일

가령 꽃 같은 것이 문득 구름을 아무데나
우두커니 세워두는 일을
계절의 언어로는 쉽게 해명할 수 없다

구름 밑의 흙이 축축해지는 것도 구름의 일
그러니까 사랑은 구름의 일

그 후에도 구름은 종종
그곳에 빗줄기를 오래 세워둔 적이 있다
―「사랑은 구름의 일」 부분

 구름을 통해 "사랑"을 말하는 방식 또한 새롭다. 사랑이라는 보편적 정서를 구름을 통해 이야기한다. 시에서 구름은 시인의 사유에 덧입혀져 의인화되어 있다. 구름의 속성은 많은 부피의 몸을 가지고 있다는 것이고, 그 몸은 언젠가는 쏟아내야 할 부피의 운명을 가지고 있다. 시인은 구름의 형상이 "생각"이거나 "할 말들"이라고 한다. 구름은 쏟아내야 할 운명이므로, 사랑 또한 구름과 같다고 생각한다. 그러나 구름이 그냥 쏟아버리는 것만은 아니다. "구름 곁에 구름을 세워" 두기도 하고, '구름과 구름이 만나 빗줄기를 쏟아내"기도 하며, "천둥과 번개를 가득 채우"기도 한다. 이 모든 자연현상들이 사랑의 일과 닮았다는 사유는 자연을 통해, 막연한 정서를 구체적인 감각으로 보듬어 제시하는 방법이다.

    물고기들은 물속을 헤엄치다가 이따금씩 물 위로 뛰어오른다
    물고기들도 가끔은 물 위의 세계가 그리운 것이다
    하지만 幻이 거느리고 있는 것은 생보다는 죽음인 경우가 많다
    물 밖의 세계가 그렇다, 쏘가리나 꺽지 같은
    어비산魚飛山 민물고기들은
    물 밖의 생을 그리며 공중으로 날아오르려고 몸부림치지만
    그들이 날아오른 곳은 종종 죽음의 땅이다

나는 오늘도 밤하늘을 보며
물고기자리 근처에 있는 幻의 지느러미를 본다
지상에서 幻을 꿈꾸다 죽은 것들로 이루어진 저 별들은
또 무엇을 향해 헤엄치고 있는 것일까

幻의 지느러미가 수놓은 반짝이는 물살이
어두운 밤하늘을 이끌고 어디론가 가고 있다
─「환幻의 지느러미」 부분

어느 날 하늘은 내 청춘과 함께
어둠을 이고, 바다를 이고
불을 이고, 속도를 이고
어디론가 가고 있었다

하늘은 점점 몸이 달아올랐다

드디어 하늘은 엽서를 쓰기 시작했다
이메일을 쓰고 문자를 날렸다
마음속을 빠져나간 하늘은
컴퓨터 속으로 들어와 있었다
하늘은 어느새 복제 되어 짝퉁이 되어 있었다

자세히 보니 하늘은
상표가 붙어 있었다
옥션에 신상품으로 올라 있었다

클릭, 클릭, 클릭…
순식간에 하늘이 품절되었다

　　　　　　　　　　－「하늘 변천사」 부분

　박남희가 자연을 통해 말하고자 했던 것은 자연의 뒤쪽 편이 가진 형상이다. 그 형상을 통해 새로운 존재의 본질을 탐하려는 것이다. 이 세계는 환멸이 판을 치는 세계이다. 그러나 우리는 이 세계를 떠날 수 없다. 이 세계를 떠나는 꿈을 "환"이라고 한다면, 시인의 말대로 "물고기들도 가끔은 물 위의 세계가 그리운 것이다". 그러나 우리 인간처럼 "幻이 거느리고 있는 것은 생보다는 죽음인 경우가 많다"는 것이 지금의 현실이다.

　시인은 "환"의 차원에서 자연을 이상적인 세계로만 칭송하지 않는다. 가령 「하늘 변천사」에서는 스스로 감각한 하늘에 대한 변천사를 개별적인 기호를 통해 드러내고 있다. 하늘이 어머니이자, 새총이고, 구슬이었던 시인에게 하늘의 몸은 점점 달아올라가는 속도의 욕망으로 변화된다. 자연을 통해 이 땅에 존재하는 문명에 대한 사유를 풀어낸다. 시에서 하늘은 시인의 마음속을 빠져나가 "컴퓨터 속"으로 들어가고 기어이 복제되어 짝퉁이 된다. 그리고 하늘마저 자본주의의 실험물이 되어 상품화된다. 물도 상품화되고 공기도 상품화되는 물질문명 시대에 하늘 또한 옥선에서 상품화되는 시대가 오지 않으리란 법도 없다.

> 명왕성 근처에서 보면 지구가
> 창백한 푸른 점으로 보이는 것은
> 작은 점에 불과한 지구가
> 어느 별에게도 말할 수 없는 큰 비밀을 가지고
> 덜덜 떨고 있기 때문이다
>
> 악몽이 멈추지 않고 반복되듯
> 마침표이면서도 쉽게 마쳐지지 않는
> 먼지이면서도 아주 사라지지 않는
> 견딜 수 없이 뼈아픈,
>
> 저 작은 점은
>
> 과연 누가 써 놓은 어떤 문장의 마침표일까?
> ―「창백한 푸른 점」 부분

동굴을 살려주세요
동굴 속에 살던 이름들을 살려주세요
그 이름들이 끌고 세상으로 뻗어나간
길들을 살려주세요
허공을 날아가는 화살이 거느리고 있는
순간순간의 바람을 살려주세요

화살이 뚫어놓은 동굴 속에는
호랑이도 곰도 없는데 웬일인지
아주 오래된 이야기라도 하나 거느리려는 듯
자꾸만 웅웅거리는 저 울음을,

살려주세요
아파트도 타워팰리스도 없이
동굴 하나로 여태껏 살아가는
이 땅의 가난한 웅녀를 살려주세요

어둠이 전 재산이었던 저 가엾은 동굴을,
　　　　　　　　　－「동굴을 살려 주세요」 부분

지구는 먼 우주에서 보면 아주 작은 점에 지나지 않는

다. 천문학자 칼 세이건이 쓴 『창백한 푸른 점』은 지구의 모습을 명왕성 근처에서 본 모습이다. 점은 아주 간단히 레이저로 뺄 수 있다. 이러한 점 속에 모든 문명사회의 결과물들이 함께 존재해 있다. 시인은 지구라는 "저 작은 점"이 "먼지이면서도 아주 사라지지 않는/ 견딜 수 없이 뼈아픈" 존재라고 말했다. 또한 그 점은 문장의 마침표와 같다. 점이 사라지지 않는 한, 문장의 마침표도 사라지지 않을 것이다.

박남희가 궁구했던 시간에 대한 개별적 체험이 이제는 문명의 한복판을 어루만진다. 문명의 중심에까지 관통하고 있는 시간의 화살은 현재에도 "허공을 날아가며" 계속 진행되고 있다. 그 화살은 "수많은 피를 흘리게 한 화살"이다. 인류의 희생을 담보로 이루어낸 문명의 축적술은 시인에게 "동굴의 끝"을 짐작해보게 한다. 시에서 "동굴"은 아직 문명의 손길이 채 닿지 않은 원시적 공간이다. 고유한 원시성을 지키고 있는 공간은 순수한 시원의 공간이며, 결코 훼손해서는 안 되는 공간이다. 동굴의 공간을 뚫고 가는 화살은 인간이 만들어낸 파괴의 욕망을 상징한다. 시인은 시간의 화살이 동굴에까지 관통하여 도달한 끝의 지점을 이미 짐작하고 있다. 그곳은 "멧돼지"도 "물빛 맑은 호수"도 "먹구름"도 없는 잿빛 풍경이 아닐까.

시인이 꿈꾸는 세계는 다시 "오래전 혈거시대"로 되돌

아가자는 것은 아닐 것이다. 남아 있는 것들을 내버려두자는 전언이 시를 통해 드러난다. 동굴 속에 살고 있는 "이 땅의 가난한 웅녀를 살려주세요"라고 "동굴 속에 살던 이름들을" 다시 호명하고 있다.

오늘은 아버지 기일이다

임진강변에 와보니, 물을 박차고 새가 날아간다

물이 상처를 입고 어디론가 흘러간다

물을 벗어나는 일이 상처 입는 일이라는 것도 모른 채

새는 울면서 어디론가 날아간다

날개달린 상처도 날아가다가 어느 마을엔가 깃들 것이다

오랜 시간이 지나면

날개는 다시 물을 찾아가서 제 상처의 근원을 어루만질 것이다

하지만 날개는 상처가 아문 물 위를 평화롭게 헤엄치다가

어느 날 또 다시 새로운 발톱 자국을 물에 새길 것이다
─「물이 아픈 이유」 전문

박남희는 자연을 시인의 이념에 봉사하는 데만 사용하지 않는다. 자연을 통해 뼈아픈 성찰의 시간과 과정을 거친다. 시인이 자연을 올곧게 만나는 때는 "아버지 기일"이 있었던 때와 같은, 상처를 치유하기 위해서이다. 그러나 정작 자연 또한 상처를 입고 있다는 사실을 깨닫는다. 시에서 "물"은 상처를 입은 채로 계속 시간의 물길에 흘러가는 모습을 보여준다. 물과 함께 살아가는 새 또한 마찬가지이다. 우는 이유를 모른 채 새는 날아가겠지만, 새에게는 "물을 벗어나는 일이 상처입는 일"이라는 명백한 이유가 있다. 그럼에도 불구하고 상처입은 자연은 상처입은 생명에 의해 위로받고 새로운 힘을 낸다는 것을 '새의 날개'를 통해 깨닫는다. "날개는 다시 물을 찾아가서 제 상처의 근원을 어루만"지는 것이다. 그러나 반전은 또 있다. 위로의 대상인 물(자연)과 새(생명)는 "또다시 새로운 발톱 자국을 물에 새길 것"이라는 사실이다. 시간은 계속해서 새로운 상처를 만들어낸다.

문명 이후의 성찰에 몸담은 자아는 자신의 내면을 천천

히 응시한다. 내면 속에 감추어진 "부유하는 죽음의 알"(「아포토시스」)을 보며 스스로를 파괴시켜 겨우 제 존재를 "지탱하려는 몸부림을 본다". 내면에 본능처럼 잠자고 있다 문득 나타나는 죽음의 여러 양상들을 시인은 모두 받아들인다.

시인이 죽음에 대한 혹은 죽음이 거느리고 있는 생의 비밀들에 대한 내면의 일들이 파도처럼 일렁이는 것은 시인에게 있는 "숨겨진 어떤 회로" 때문이다.(「부끄러움의 회로」) 시인은 그 회로를 "부끄러움의 회로"라고 칭한다. 술 마시는 일상의 일들마저 "금단의 열매를 따먹듯" 하는 예민함이 부끄러움의 감각을 만나게 된 것이다. 그 부끄러움의 정체는 "온갖 잡동사니"에 대한, 즉 중심이 아니라 그 주변, "안과 밖의 경계가 모호"한 것들에 의해 자신에게 발각된다.

시인은 자신의 내면을 동굴 탐사하듯 관찰한다. 내면의 풍경은 어둠처럼 깜깜하고, 이 어둠 때문에 마음은 늘 불편하다. 또한 이 마음이 터널을 만든다.(「터널들」) 시인은 자신의 시적 기반이 "흙과 공기와 물들의 표정을 읽는 일"이라고 한다. 즉 그것은 터널 속에서의 일들이다. 그동안 불편한 마음을 딛고 뚫었던 무수한 터널들이 시인이 되기 위한 이유였던 것이다.

고이는 것과 흘러가는 것 사이에 내가 있다
나는 그동안 버려야 할 것들을 너무 많이 데리고 살았다
고여 있다는 것은 흘러가고 싶다는 것이고
흘러간다는 것은 고이고 싶다는 것인 줄도 모르고
나는 그동안 때 없이 고이고 때 없이 흘러가고자 했다
그리하여 나는 어느새 자꾸만 과거로 거슬러 올라가
옛 웅덩이에 고여 있던 하늘을 우러르는 버릇이 생겼다
그러면 하늘은 금세 흐려져 오래 고여 있던 것들을
지상으로 흘려보냈다 태고 적 나를 흘려보냈다
그렇게 하늘은 태고 적 나와 지금의 나를 만나게 해주었다
수천 년을 내려오는 동안 내가 거처했던 수많은 집들을 보여주었다
하지만 나는 지금 그 집들을 함부로 아비라 어미라 부를 수 없다
집은 다만 무언가를 담고 흘려보내는 것일 뿐
고이는 것과 흘러가는 것 사이에 내가 있다

―「눈물」 전문

박남희가 수행한 성찰의 근원적 회로를 눈물을 통해 다시금 다짐한다. 이 다짐으로 내면이 이루어낸 성찰의 형식을 더 견고하게 쌓아간다. 어두운 터널을 계속해서 탐사하는 작업으로 의미있는 시편들을 생산해냈겠지만, "버려야

할 것들을 너무 많이 데리고" 살고 있는 오점도 가지게 되었다. 시인이 과거를 자주 돌이키게 되는 이유는 위안의 차원이 아니다. 하늘을 우러르면서 근원을 끊임없이 추구하려는 몸짓을 보여주려 한다. 하늘이 가진 근원의 힘으로 시인은 "태고적 나", 즉 자신의 기원을 찾아보려는 적극적 노력으로 함께 한다.

 박남희는 이번 시집에서 구석의 내밀한 자리에서 공중의 먼 지평으로 시선을 선회하여 바라보고 있다. 시의 언어 속에는 공중의 공간이 빚어내어 시인에게 전해주는 다양한 사유의 편린들이 빛을 내고 있다. 시에 나타난 영원성은 죽음 이후의 영생만을 의미하지는 않는다. 죽음 이후의 삶과 삶 이후의 죽음이라는 순환의 의미가 공존해 있으며, 인간의 사유가 끊임없이 이어지리라는 이성에 대한 확고한 물음도 함께 실재해 있다. 먼발치에서 조용히 존재를 드러내고 있지만, 가까이 다가서면 묵직한 내공으로 큰 숨을 고르고 있는 시인의 시를 곱씹으며 공중의 무한한 생각들을 공글려 본다.